THE GOLD

Nambija

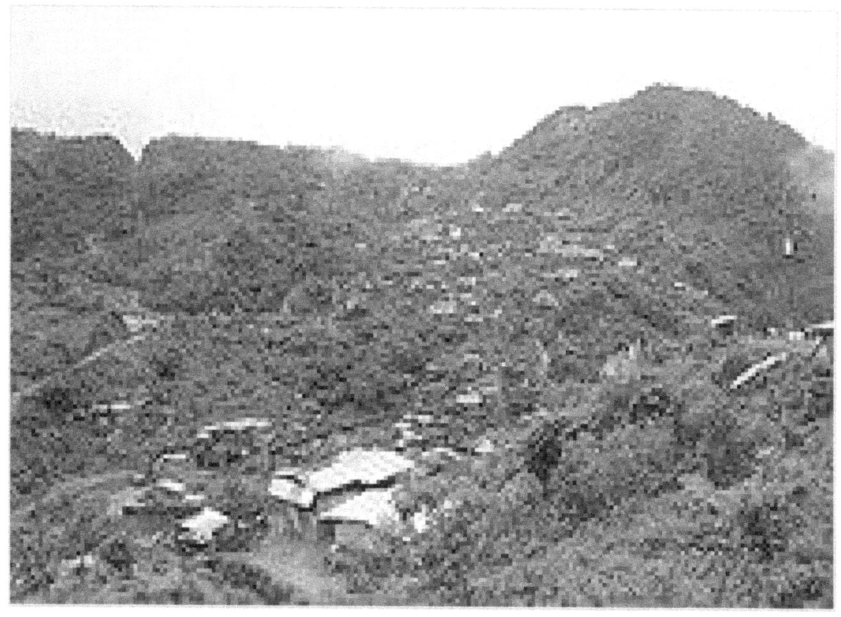

Pueblo aurífero 30 km de Zamora Chinchipe, provincia de Loja Ecu

AGRADECIMIENTO

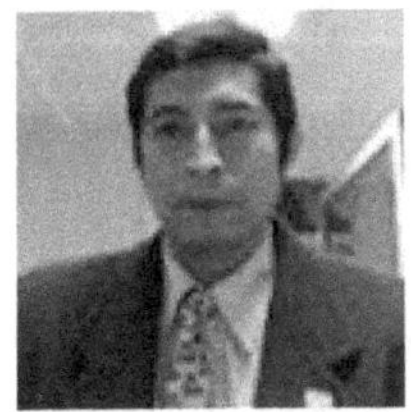

**Mi nombre es Jorge Sarango
Soy Licenciado en Ciencias
Empresario y Escritor de
libros como THE GOLD
Mi Agradecimiento Y
Dedicatoria a mis 4 hijas
Silvana, Evelin. Lorena
y Bea .**

ÍNDICE

THE GOLD

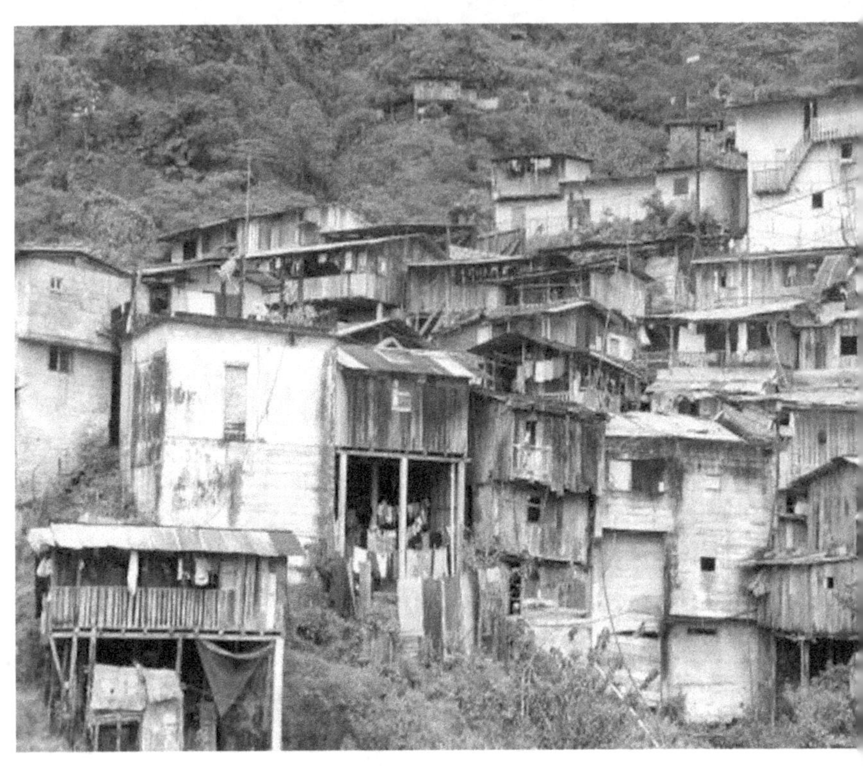

NAMBIJA

THE GOLD

Oro de Nambija

INTRODUCCIÓN

Todo empieza en un pueblo de montaña llamado NAMBIJA que se encuentra a 30 kms del cantón Zamora Chinchipe perteneciente a la ciudad de LOJA en ECUADOR es el oriente ecuatoriano, LA CORDILLERA DE LOS ANDES .

En los años 80 fue redescubierto esta mina aurífera, anteriormente ya había sido explotada esta mina por los nativos colonos de NAMBIJA y por los españoles que fueron en busca de oro

Rosa una nativa de NAMBIJA detalla que cada vez hay más casos de desnutrición y anemia en el pueblo.

Hay familias que no tienen qué comer, familias de siete personas que se sienten muy avergonzados.

La gente te aborda y te dice que no han comido, pobreza total ".
Otros problemas con los que se enfrentan en el centro son los embarazos de niñas adolescentes, hasta el 50% del total.

Actualmente; las enfermedades respiratorias como bronquitis, "por el tiempo, por la lluvia, están todo el día lavando oro las aguas, y llevan a sus hijos, no los dejan en casa por miedo".

Por último, la violencia que domina el ambiente en NAMBIJA

"Los del pueblo comentan que a partir de miércoles, jueves y viernes, hay mucha violencia, disparos, en las dos discotecas que quedan aquí".

En Nambija no existe ningún destacamento policial que evite los desmanes del alcohol y las drogas, el más próximo está a una hora por carretera sin asfaltar,son de tierra en el Barrio Nambirez.

En el poblado, sin policía y aislado en la selva, en una zona remota de la provincia minera de Zamora Chinchipe, adonde se llega por una carretera de tierra que transcurre entre barrancos, los violentos siempre han actuado con impunidad

En el tejido de la existencia, entretejido con los hilos dorados de la ambición, la aventura y la búsqueda incansable de conocimiento, surge "The Gold". Oro de NAMBIJA

Este libro no es simplemente un relato; de un pueblo olvidado en las montañas del mismo nombre NAMBIJA que invita a los lectores a sumergirse en un mundo donde la historia se fusiona con la crudeza del tiempo lluvioso la codicia y los deseos de encontrar oro , y los secretos enterrados resplandecen como el oro.

En estas páginas, te invito a explorar los recovecos de la narrativa, a desentrañar misterios olvidados y a embarcarte en una travesía que abarca el tiempo y el espacio.

"The Gold" Oro de NAMBIJA no es solo una historia, es un eco de la curiosidad humana, una reflexión sobre la fuerza de la voluntad y la capacidad inagotable de los individuos para alcanzar lo extraordinario.

Este viaje no solo es mío; es también un regalo para mis seres queridos.

En el camino, encontrarás muchos tropiezos y decisiones de prosperidad como también , pequeños destellos de gratitud hacia aquellos que han sido los pilares en mi vida.

Un profundo agradecimiento por su apoyo inquebrantable y su constante inspiración a mi familia .

Este libro es una puerta a un mundo de misterio, intriga y descubrimientos que desafiarán tus percepciones y despertarán tu imaginación.

Acompáñame en este viaje, donde las páginas se convierten en senderos dorados que conducen a destinos inexplorados.

NAMBIJA es un rincón olvidado en el tiempo, donde los susurros de la historia aún resuenan entre las páginas amarillentas, se despliega ante nosotros un relato que brilla con la intensidad del metal más precioso: el oro.

Este metal, codiciado desde tiempos inmemoriales por su resplandor y su capacidad para transformar destinos, es el hilo conductor de nuestra historia.

En The Gold "Oro de NAMBIJA ", nos sumergimos en un mundo donde la codicia y la esperanza bailan en una danza perpetua en torno a las vetas doradas que yacen ocultas en la profundidad de la tierra.

Desde los destellos iniciales de un descubrimiento que cambia vidas hasta las sombras que acechan en los rincones de la riqueza, esta narrativa nos lleva a través de una odisea llena de desafíos, amores efímeros y la búsqueda eterna de algo más precioso que el oro mismo.

En cada página, exploraremos la esencia de la condición humana cuando se enfrenta al resplandor tentador de la fortuna.

A través de paisajes deslumbrantes y oscuros callejones, seguiremos los destinos entrelazados de aquellos cuyos corazones laten al compás del metal más valioso de la Tierra.

Prepárense para adentrarse en un viaje donde el brillo del oro ilumina tanto las almas como la tierra que pisan.

Bienvenidos a The GOLD "Oro de NAMBIJA ", donde la fiebre aurífera despierta los sueños más profundos y oscuros del alma humana.

CAPÍTULO 1 EL DESCUBRIMIENTO DORADO

La bruma matinal se disipaba lentamente en el pequeño pueblo minero de NAMBIJA , donde los días transcurrían monótonos, marcados por la rutina y la esperanza de hallar algo más que una buena veta de oro..

 Sin embargo, aquel día sería diferente.

En las profundidades de la mina "La Esperanza", donde los hombres cavaban con sus esperanzas enterradas bajo tierra, algo brillante y desconocido yacía esperando ser descubierto.

Juan Morales, un experimentado minero de cabellos grises y manos curtidas por años de trabajo, notó un destello peculiar en las vetas de roca que había estado explorando.

Con la cautela y la emoción palpable en el aire, extrajo con cuidado el objeto resplandeciente.

Ante sus ojos asombrados, una pepita de oro relucía, como si la propia tierra hubiera decidido revelar su tesoro más precioso.

Las noticias del hallazgo se propagaron como el viento, y pronto el pueblo de NAMBIJA, se sumió en un estado de euforia.

La noticia llegó a oídos de Don Ernesto Díaz, el dueño de la mina, quien, al enterarse, apenas podía contener su entusiasmo.

Era un descubrimiento que podría cambiar el destino de NAMBIJA y de aquellos que dependían de la extracción de minerales para subsistir.

El Capítulo 1 nos sumerge en la emoción del descubrimiento, iluminando la cotidianidad de un pueblo marcado por la monotonía y la incertidumbre económica.

A medida que la noticia del hallazgo se propaga, se siembra la semilla de la esperanza entre los habitantes de NAMBIJA y todo el oriente ecuatoriano de ZAMORA CHINCHIPE , pero también se despiertan las sombras de la codicia y la intriga.a lo largo de toda la cordillera de los Andes .

Este descubrimiento, aparentemente bendito, revelará no sólo el fulgor del oro, sino también las complejidades y desafíos que acompañan a la riqueza recién encontrada.

CAPÍTULO 2 SOMBRAS EN EL RÍO DE ORO

La noticia del descubrimiento dorado se extendió más allá de las fronteras de NAMBIJA, alcanzando oídos codiciosos y despertando una marea de forasteros en busca de fortuna.

El río de oro que fluía desde las entrañas de la montaña de Nambija y nace el río Zamora no sólo atraía a buscadores de sueños, sino también a sombras que acechaban en los recovecos más oscuros de la codicia.

El sol se ponía sobre el río, pintando el cielo con tonos cálidos mientras los recién llegados acampaban en las orillas, cada uno con su propia historia y motivación.

Entre ellos, un hombre de mirada astuta y ropajes desgastados, conocido como Elías Rodríguez, observaba en silencio.

Su presencia no pasó desapercibida, y pronto se convirtió en el centro de murmullos y especulaciones.

Don Ernesto Díaz, consciente de la creciente tensión, convocó a una reunión en el centro del pueblo.

Se congregaron mineros, forasteros y curiosos, cada uno con sus expectativas elevadas.

La tensión flotaba en el aire cuando Don Ernesto tomó la palabra, instando a la prudencia y la colaboración.

Sin embargo, la sombra de la avaricia ya se cernía sobre el horizonte.

Mientras la multitud se dispersaba, Elías Rodríguez tejía su red de intrigas, estableciendo alianzas secretas y socavando la confianza entre los que buscaban el tesoro del río de oro en NAMBIJA y a lo largo del río Zamora que baja desde las montañas del oriente ecuatoriano..

En la oscuridad de la noche, las sombras crecían, y la verdadera prueba de la fortaleza de NAMBIJA apenas comenzaba.

"Sombras en el Río de Oro", las tensiones se elevan con la llegada de forasteros y la codicia se entrelaza con la esperanza.

Las sombras acechan en los rincones más inesperados, y los personajes se ven enfrentados no solo a la búsqueda del oro, sino también a las complejidades de las relaciones humanas y las decisiones que darán forma al destino del pueblo de NAMBIJA.

CAPÍTULO 3 EL SECRETO DE LA VETA DORADA

La fiebre del oro se extendía como una llama voraz en NAMBIJA, y cada rincón del pueblo resonaba con la promesa de riquezas inimaginables.

Sin embargo, bajo la superficie resplandeciente del descubrimiento dorado, yacía un secreto ancestral que conectaba el presente con un pasado olvidado.

Don Ernesto Díaz, guiado por la intuición, decidió investigar más a fondo la procedencia de la veta dorada que había transformado la suerte de NAMBIJA.

En su búsqueda, descubrió antiguos registros y leyendas que hablaban de una civilización perdida que veneraba el oro como un regalo de los dioses, pero también como un símbolo de maldición.

Mientras los mineros continuaban su labor en las entrañas de la montaña, algo más que pepitas de oro emergió de las profundidades.

Artefactos antiguos, inscripciones en piedra y reliquias desconocidas se sumaban al tesoro descubierto.

Don Ernesto, consciente de que el oro no solo tenía un valor material sino también histórico, compartió sus hallazgos con la comunidad del pueblo NAMBIJEÑO.

No obstante, el conocimiento del pasado desató una nueva ola de intriga y misterio.

Algunos habitantes veían el oro con reverencia, mientras que otros, cautivados por la promesa de fortuna rápida, desafiaban las advertencias ancestrales.

En medio de la discordia, los secretos enterrados surgían,en NAMBIJA se encontraba en una encrucijada entre preservar la historia y sucumbir a la seductora llamada del oro.

"El Secreto de la Veta Dorada", la trama se complica con la revelación de un pasado enigmático.

Mientras el oro sigue brillando, la dualidad de su significado se despliega, explorando no solo la riqueza material sino también los misterios que rodean la verdadera naturaleza de la veta dorada.

CAPÍTULO 4 LUCES Y SOMBRES EN LA MINA

A medida que la fiebre del oro se intensificaba en NAMBIJA, la mina "La Esperanza" se transformaba en un escenario de contrastes, donde el brillo dorado coexistía con sombras cada vez más prominentes.

La actividad en la mina alcanzó su apogeo, con equipos de mineros trabajando día y noche para extraer el preciado metal.

La luz de las lámparas parpadeaba en las galerías subterráneas, creando un espectáculo resplandeciente que rivalizaba con el fulgor del oro mismo.

Sin embargo, bajo la aparente bonanza, las sombras se alargaban.

En los túneles más profundos, se gestaba una rivalidad entre grupos de mineros ansiosos por reclamar las áreas más prometedoras.

La competencia por las vetas más ricas avivaba tensiones, y murmullos de descontento resonaban en la oscuridad.

Los enfrentamientos se volvían inevitables, y la camaradería inicial cedía paso a la desconfianza y la rivalidad.

Don Ernesto Díaz, consciente de la creciente discordia, intentaba mantener el orden y la armonía.

Sin embargo, incluso él no estaba exento de las sombras que se cernían sobre la mina.

Rumores de intereses ocultos y decisiones cuestionables empezaron a empañar su reputación, mientras algunos habitantes se preguntaban si el resplandor del oro había nublado su juicio.

"Luces y Sombras en la Mina", la prosperidad y la competencia se entrelazan, dando lugar a tensiones palpables.

Mientras la mina brilla con la promesa de riquezas, las sombras de la avaricia y la desconfianza oscurecen la atmósfera.

La trama se adentra en los laberintos emocionales y morales de los personajes, mostrando que la verdadera riqueza a menudo viene acompañada de desafíos inesperados.

CAPÍTULO 5 EL PRECIO DEL ORO

La ciudad de NAMBIJA vibraba con la intensidad de la fiebre del oro, pero cada destello dorado ocultaba un precio que la tierra y sus habitantes estaban comenzando a pagar.

A medida que las vetas de oro se agotaban en las áreas más accesibles de la mina, los mineros se aventuraban cada vez más profundo en las entrañas de la tierra en busca de nuevas fortunas.

Sin embargo, el precio de la codicia se manifestaba en forma de deslizamientos de tierra, túneles inestables y accidentes mortales que ensombrecían la búsqueda del tesoro.

La comunidad de NABIJEÑOS , inicialmente unida por la promesa de riquezas, empezaba a resentir las grietas que se formaban bajo la presión del auge del oro.

Familias divididas por disputas en la mina, y la sombra de la tragedia acechaba constantemente.

La plaza del pueblo, una vez llena de risas y esperanzas, se tornaba en un lugar de susurros sombríos y miradas cautelosas.

Don Ernesto Díaz, cargando el peso de la responsabilidad, se veía obligado a tomar decisiones difíciles para mantener la estabilidad en NAMBIJA.

Mientras la obsesión por el oro seguía creciendo, el verdadero costo de la riqueza empezaba a revelarse, y algunos habitantes comenzaban a cuestionar si el precio del oro era más alto de lo que estaban dispuestos a pagar.

"El Precio del Oro", la narrativa explora las consecuencias físicas y emocionales de la búsqueda del tesoro.

La codicia cobra su tributo en la forma de peligros y desgracias, planteando preguntas cruciales sobre la verdadera naturaleza del oro y si su resplandor vale el costo humano.

CAPÍTULO 6 TRAVESÍA HACIA LA TIERRA PROMETIDA

La mina de "La Esperanza" y cientos de pozos acabados a lo largo de la montaña mostrando señales de abundancia rebosantes de oro pero lleno de peligros va aumentando cada día , un grupo decidido de buscadores de fortuna en NAMBIJA decide emprender una travesía hacia una tierra prometida.

Un lugar del que se murmura que alberga vetas inexploradas de oro resplandecientes al otro lado del río y así poco a poco toda la zona se cunde con nuevos pozos de extracción del preciado metal .

La noticia de esta expedición se propaga rápidamente por Zamora, la ciudad más grande cercana, y los corazones llenos de esperanza se mezclan con la inquietud de lo desconocido.

Se forman nuevas caravanas de intrépidos aventureros, cada uno llevando consigo sueños de prosperidad y la promesa de un nuevo comienzo.

El camino hacia la tierra prometida no es fácil; atraviesan bosques tupidos, cruzan ríos traicioneros y desafían terrenos montañosos.

A lo largo del viaje, las relaciones se ponen a prueba, y la verdadera naturaleza de los aventureros emerge a medida que enfrentan obstáculos que van más allá de las dificultades geográficas.

En el corazón de la travesía, surgen vínculos inesperados, amistades que se fortalecen y rivalidades que amenazan con desgarrar la unidad del grupo.

Los paisajes cambiantes reflejan los altibajos emocionales de los personajes, y la búsqueda de la tierra prometida se convierte en un viaje tanto interno como externo.

 "Travesía hacia la Tierra Prometida", NAMBIJA se expande más allá de sus montañas y ríos , llevando a los personajes a una odisea llena de desafíos y descubrimientos.

La tierra prometida se vislumbra en el horizonte, pero el viaje está lejos de ser sólo geográfico, explorando la fuerza del espíritu humano en la búsqueda de un futuro más brillante.

CAPÍTULO 7 EL RESPLANDOR DE LA RIQUEZA

Las nuevas caravanas de buscadores de fortuna finalmente alcanzan la tierra prometida, un paisaje bañado por el río Zamora y el río NAMIREZ por el sol brillando sobre las colinas de NAMBIJA brillando con más resplandor que el mismo dorado.

Los grupos se quedan maravillados ante la visión de un

nuevo horizonte lleno de promesas, pero pronto descubren que el resplandor de la riqueza puede cegar tanto como iluminar.

La tierra prometida revela vetas de oro aún más abundantes de lo que se había rumoreado, y la euforia se apodera de las nuevas caravanas.

Nuevos campamentos mineros emergen como setas después de la lluvia, y la atmósfera bulle con la actividad febril de la extracción de oro.

La tierra de NAMBIJA parece vibrar con la posibilidad de fortuna, pero también con la tensión de la competencia despiadada.

A medida que los aventureros se sumergen en la extracción del oro, las dinámitas suenan y los rudimentarios equipos se ponen a excavar la montaña la sed de poder se vuelve más evidente.

Surgiendo líderes carismáticos, rivalidades intensificadas y la formación de facciones, el resplandor de la riqueza revela la complejidad de la naturaleza humana.

La codicia se desata con fuerza renovada, poniendo a prueba las amistades forjadas en la travesía.

Don Ernesto Díaz, que ha seguido a la caravana, observa con cautela desde las sombras.

Mientras algunos celebran la abundancia, otros comienzan a preguntarse si el brillo del oro ha encubierto los peligros que acechan bajo la superficie de esta tierra prometida.

"El Resplandor de la Riqueza", la narrativa explora los efectos de la abundancia de oro en lo moral y las relaciones de los personajes.

El brillo del metal precioso ilumina y oscurece, desentrañando las complejidades de la riqueza y planteando preguntas sobre el verdadero valor de la fortuna.

CAPÍTULO 8 AVENTURAS EN LA FIEBRE DEL ORO

La tierra prometida bulle con la fiebre del oro, y cada día trae consigo nuevas aventuras y desafíos para los buscadores de fortuna que han hecho de este lugar su hogar temporal.

Surgen nuevos campamentos mineros y se expanden como pequeñas ciudades, con calles polvorientas y tabernas llenas de risas y relatos exagerados.

La competencia por las vetas más ricas intensifica la actividad en la tierra, mientras los buscadores de oro se embarcan en emocionantes expediciones en busca de tesoros ocultos y promesas aún más grandes.

Entre los aventureros, se forman alianzas inesperadas y amistades sólidas.

Los relatos de descubrimientos sorprendentes y enfrentamientos con la naturaleza salvaje alimentan la leyenda de la tierra prometida.

Sin embargo, las sombras acechan incluso en medio de las risas y las historias compartidas alrededor de las fogatas.

Los personajes, impulsados por la promesa de riquezas, se enfrentan a dilemas morales y decisiones que desafían su integridad.

Las relaciones amorosas y las traiciones se entrelazan, dando forma a un tapiz complejo de experiencias humanas en el auge de la fiebre del oro.

Don Ernesto Díaz, aún observando desde las sombras, se encuentra navegando por las aguas turbulentas de la prosperidad, intentando mantener la paz y la estabilidad en medio de la efervescencia de la riqueza.

"Aventuras en la Fiebre del Oro", la narrativa se sumerge en la vertiginosa y emocionante vida en la tierra prometida.

A medida que las fortunas cambian de manos y las historias se entrelazan, los protagonistas se enfrentan no solo a los desafíos físicos, sino también a las pruebas de sus propios caracteres en medio de la euforia y la competencia implacable.

CAPÍTULO 9 EL MISTERIO DE LA PEPITA PERDIDA

En medio de la frenética actividad de la fiebre del oro, un susurro se esparce por la tierra prometida: la existencia de una pepita de oro excepcionalmente grande y misteriosa, cuya leyenda crece con cada relato y cada rincón del campamento minero.

El misterio de la pepita pérdida se convierte en una obsesión para los buscadores de fortuna, desatando una fiebre aún más intensa que la del oro común.

Mapas desgastados, historias de visiones nocturnas y encuentros con misteriosos personajes aumentan la intriga.

La esperanza de descubrir la pepita pérdida se convierte en una obsesión colectiva que une a los aventureros en su búsqueda.

Cada paso en la dirección señalada por las leyendas parece llevarlos más cerca del tesoro perdido, pero el camino está plagado de desafíos y enigmas.

La codicia y la desconfianza aumentan a medida que algunos intentan adelantarse a los demás en la carrera hacia la misteriosa pepita.

Mientras tanto, Don Ernesto Díaz, consciente de los peligros que acechan tras la obsesión por la pepita pérdida, se embarca en su propia investigación .

Descubre secretos enterrados y conexiones sorprendentes con la historia de la tierra prometida, llevando a cuestionar la verdadera naturaleza de la leyenda que ha cautivado a todos.

"El Misterio de la Pepita Perdida", la narrativa se sumerge en la fascinación colectiva por un tesoro legendario, explorando la obsesión humana con lo desconocido y los riesgos que surgen cuando la búsqueda de la riqueza se convierte en una caza del tesoro

impredecible.

Todo un pueblo cegado por la fiebre

del oro atrapados en la montaña sin

medios suficientes luz salubridad

higiene sin policías ni controles.

CAPÍTULO 10   INTRIGAS EN EL CAMPAMENTO AURÍFERO

El campamento aurífero, una vez lleno de camaradería y sueños compartidos, ahora se ve envuelto en un tejido de intrigas y secretos que amenazan con socavar la estabilidad que tanto costó construir.

Las tensiones han alcanzado un punto crítico a medida que la competencia por las vetas más ricas se intensifica.

En la oscura maraña de traiciones y alianzas cambiantes, se forma un entramado de intrigas que afecta a cada rincón del campamento.

Susurros nocturnos y miradas furtivas se vuelven moneda corriente, mientras los buscadores de fortuna intentan descubrir la verdad detrás de los acontecimientos misteriosos que han comenzado a socavar la armonía.

En el corazón de la intriga, surgirá una figura enigmática que parece tejer hilos invisibles entre los habitantes del campamento.

¿Es un confidente leal o un maestro manipulador?

Mientras los personajes intentan descifrar el rompecabezas de las intrincadas relaciones, las alianzas se forman y se deshacen, llevando consigo la promesa de la riqueza o la amenaza de la ruina.

Don Ernesto Díaz, siempre vigilante, se encuentra en una encrucijada.

Las decisiones que tome ahora podrían determinar el destino del campamento aurífero.

¿Podrá desentrañar las intrigas que amenazan con dividir a la comunidad, o sucumbirá a las sombras que oscurecen la búsqueda del oro?

"Intrigas en el Campamento Aurífero", la narrativa explora las complejidades de las relaciones humanas cuando la codicia y la competencia alcanzan su punto máximo.

Las intrigas florecen en la fiebre del oro, y la lucha por el poder y la fortuna da forma a un paisaje lleno de desafíos inesperados y decisiones cruciales.

CAPÍTULO 11 LA SENDA DE LOS BUSCADORES DE ORO

En medio de la fiebre del oro y las intrincadas intrigas que envuelven el campamento aurífero, un grupo heterogéneo de buscadores de fortuna se embarca en una travesía en busca de respuestas y, quizás, de redención.

Esta senda, trazada por la inquietud y la necesidad de comprender los misterios que rodean la pepita perdida y las crecientes tensiones en el campamento, lleva a los protagonistas a explorar las regiones más remotas de la tierra prometida.

Atravesando bosques oscuros y senderos escarpados, el grupo se adentra en lo desconocido con la esperanza de encontrar claridad y reconciliación.

A lo largo de la senda, los buscadores de oro se enfrentan no solo a los peligros naturales, sino también a los conflictos internos que han surgido entre ellos.

La camaradería se pone a prueba, y las decisiones tomadas en la travesía podrían sellar el destino de cada uno.

En su camino, descubren antiguas inscripciones y pistas que sugieren una conexión más profunda entre la tierra prometida y los buscadores de oro de generaciones pasadas.

Cada revelación les acerca a la comprensión de que la verdadera riqueza puede ir más allá del oro, revelándose en las lecciones aprendidas y las relaciones forjadas en la senda de los buscadores de oro.

"La Senda de los Buscadores de Oro", la narrativa se aleja del bullicio del campamento para explorar la esencia de la búsqueda, el significado de la riqueza y el viaje interior que transforma a los personajes en su travesía hacia la verdad y la redención.

CAPÍTULO 12 EL BRILLO DE LA FORTUNA

En medio de las intrigas que envuelven el campamento aurífero y la senda de los buscadores de oro, un nuevo capítulo se despliega en la historia de **NAMBIJA**, llevando consigo el brillo efímero de la fortuna y la incertidumbre que yace en su estela.

El campamento aurífero, ahora dividido por secretos y rivalidades, se ve sacudido por la llegada de noticias que podrían cambiar el destino de todos.

Un nuevo yacimiento de oro, más rico y prometedor que todos los anteriores, ha sido descubierto en los límites del campamento.

La emoción se apodera de los corazones, pero también despierta nuevas tensiones mientras los buscadores de oro compiten por reclamar sus parcelas en este nuevo tesoro.

Mientras tanto, la senda de los buscadores de oro ha revelado verdades ocultas y lecciones valiosas.

Los personajes regresan al campamento con una nueva perspectiva, enfrentándose a las intrigas con una determinación renovada.

Sin embargo, el brillo de la fortuna es caprichoso, y cada elección que hagan podría tener consecuencias imprevistas.

Don Ernesto Díaz, observador astuto de los acontecimientos, se encuentra en una encrucijada crucial.

Las decisiones que tome ahora, tanto en el campamento como en la senda, podrían determinar el destino de NAMBIJA y de aquellos que han buscado su fortuna entre las sombras y el resplandor dorado.

En "El Brillo de la Fortuna", la narrativa alcanza un punto culminante donde las promesas de riqueza se entrelazan con los conflictos subyacentes, desafiando a los personajes a tomar decisiones que definirán el futuro de la comunidad y revelarán la verdadera naturaleza del brillo efímero de la fortuna.

CAPÍTULO 13 AMORES EFÍMEROS ENTRE LAS ARENAS AURÍFERAS

En medio del polvo dorado y las chispas de la fiebre del oro, las pasiones florecen entre las sombras de las vetas auríferas.

El campamento aurífero, testigo de intrigas y rivalidades, se convierte también en el escenario de romances fugaces y amores que florecen entre las arenas resplandecientes.

Los corazones de los buscadores de oro, atrapados entre el fulgor del metal precioso y las complejidades del campamento, buscan consuelo y conexión en los brazos de compañeros inesperados.

Entre las fogatas que iluminan las noches estrelladas y las pausas fugaces entre las arduas jornadas de trabajo, se tejen historias de amor que surgen en medio de la incertidumbre.

Sin embargo, los amores efímeros también enfrentan desafíos únicos.

Las lealtades se ven divididas entre los afectos personales y las lealtades en el campamento.

Las sombras de la codicia y la competencia amenazan con separar a aquellos que han encontrado consuelo y compañía en medio de la búsqueda de fortuna.

La senda de los buscadores de oro, que ha forjado vínculos entre los personajes, también se convierte en el telón de fondo de romances que florecen entre las maravillas naturales y los desafíos compartidos.

Pero la senda no está exenta de obstáculos, y los amores que parecían sólidos se ven puestos a prueba por las revelaciones y las decisiones cruciales que surgen en el camino.

"Amores Efímeros entre las Arenas Auríferas", la narrativa se sumerge en los intrincados matices de los romances que surgen en medio de la fiebre del oro.

Mientras los corazones se entrelazan en la búsqueda de fortuna, también se enfrentan a las pruebas del entorno implacable que los rodea, explorando la fragilidad y la resistencia del amor en un mundo marcado por la codicia y la incertidumbre.

CAPÍTULO 14 NOCHE EN LA CIUDAD DORADA

El campamento aurífero, ahora apodado la "Ciudad Dorada" por su resplandor continuo, se transforma en un escenario vibrante y lleno de vida cuando cae la noche.

Bajo el manto de estrellas que se reflejan en las vetas doradas, la ciudad cobra vida con una energía única y cautivadora.

Las luces destellan en las tabernas donde los buscadores de oro celebran sus éxitos y ahogan sus penas.

La música resuena entre las callejuelas polvorientas, y la danza se convierte en un lenguaje compartido por todos, una pausa efímera en la búsqueda incansable del oro.

Los romances florecen en la penumbra de la noche, y las

historias de amor se entrelazan con la sinfonía de la Ciudad Dorada.

Pero la noche también revela las sombras que persisten entre las luces parpadeantes.

Las intrigas y rivalidades, aunque momentáneamente olvidadas, persisten en los rincones oscuros.

Don Ernesto Díaz, el guardián silencioso de la ciudad, camina entre las sombras, consciente de que la calma nocturna puede preceder a nuevas tormentas.

En la senda de los buscadores de oro, la noche trae consigo descubrimientos sorprendentes y revelaciones que iluminan el camino hacia la verdad.

Los personajes se encuentran en encrucijadas cruciales, enfrentándose a decisiones que podrían cambiar el rumbo de sus vidas y el destino de la Ciudad Dorada.

En "Noche en la Ciudad Dorada", la narrativa captura la magia efímera de la vida nocturna en la fiebre del oro.

Entre las luces centelleantes y las sombras que acechan, los personajes exploran los contrastes de la Ciudad Dorada, donde la celebración y la intriga se entrelazan en una danza que refleja la complejidad de la búsqueda de riqueza en un mundo cambiante.

CAPÍTULO 15 ENTRE LADRONES Y LINGOTES

La Ciudad Dorada, envuelta en la resplandeciente fiebre del oro, se ve sacudida por la sombra de la traición y la codicia.

Mientras las vetas auríferas continúan atrayendo a buscadores de fortuna, también atraen a aquellos que buscan riquezas de manera menos escrupulosa.

Rumores de robos y engaños comienzan a esparcirse entre las callejuelas polvorientas de la ciudad.

Lingotes de oro, símbolos de la prosperidad que ha llegado a la Ciudad Dorada, desaparecen misteriosamente.

La desconfianza se filtra entre los buscadores de oro, y las amistades construidas en la senda y en las noches de celebración se ven amenazadas por las sombras de la sospecha.

Don Ernesto Díaz, enfrentándose a la creciente inquietud en la Ciudad Dorada, se convierte en el detective silencioso que trata de desentrañar el enigma de los ladrones que amenazan con socavar la estabilidad del campamento aurífero.

Cada rincón oscuro revela pistas y secretos, y la verdad se convierte en un bien tan codiciado como el oro mismo.

Mientras tanto, en la senda de los buscadores de oro, los personajes se encuentran enredados en la red de intrigas y peligros que rodean la desaparición de los lingotes.

Sus relaciones se ponen a prueba en medio de la incertidumbre, y decisiones difíciles deben tomarse para proteger tanto la riqueza material como las conexiones humanas.

"Entre Ladrones y Lingotes", la narrativa explora las sombras que acechan detrás del brillo de la Ciudad Dorada.

La traición y la codicia amenazan con deshacer la armonía construida durante la fiebre del oro, presentando a los personajes desafíos que van más allá de las profundidades de la mina.

Una ciudad fantasma se está formando en las montañas de NAMBIJA con calles polvorientas

sin luz eléctrica , sin salubridad sin
control, policial y sin el agua
potable solo cuentan con los ríos
contaminados de ácidos y mercurio
utilizado por muchos años ya se
enfrentan a problemas de
salubridad por la contaminación .

CAPÍTULO 16 VIENTOS DE CAMBIO EN EL HORIZONTE DORADO

La Ciudad Dorada, envuelta en la dualidad del resplandor del oro y las sombras de la codicia, se encuentra al borde de una transformación.

En el horizonte dorado, vientos de cambio comienzan a soplar, trayendo consigo la promesa de un nuevo destino.

Las revelaciones sobre los ladrones y la desaparición de los lingotes han sacudido la confianza en la comunidad aurífera.

El campamento, una vez unido por el sueño compartido de riqueza, ahora se ve fragmentado por la desconfianza y las divisiones que han surgido entre los buscadores de oro.

Don Ernesto Díaz, persistente en su búsqueda de la verdad, se convierte en el faro en medio de la tormenta.

Con cada pieza del rompecabezas que descubre, se acerca a desentrañar el misterio que amenaza con sumir a la Ciudad Dorada en el caos.

En la senda de los buscadores de oro, los personajes se enfrentan a decisiones cruciales que podrían determinar el curso de los acontecimientos.

Las alianzas se reconfiguran, y nuevos vínculos se forjan en medio de la incertidumbre.

El brillo dorado, que una vez simbolizó la promesa de fortuna, se ve ahora matizado por la sombra de la intriga.

En "Vientos de Cambio en el Horizonte Dorado", marca un punto de inflexión en la historia de la Ciudad Dorada.

A medida que los personajes navegan por los vientos

cambiantes, se enfrentan a la inevitabilidad de transformaciones profundas y a la necesidad de adaptarse para sobrevivir en un horizonte dorado que se torna cada vez más impredecible.

CAPÍTULO 17 EL ÚLTIMO SUSPIRO DE LA MINA

En la Ciudad Dorada, donde el brillo del oro ha sido testigo de éxitos y traiciones, la mina "La Esperanza" exhala su último suspiro.

Las vetas auríferas que alguna vez resplandecieron con promesas se agotan, y un silencio pesado se posa sobre las galerías subterráneas que fueron testigos de la fiebre del oro.

El último suspiro de la mina resuena en la ciudad, marcando el fin de una era y el comienzo de una nueva realidad.

Buscadores de oro, una vez unidos en la búsqueda de riqueza, se enfrentan a la cruda verdad de que el recurso que los unió ahora se desvanece.

La Ciudad Dorada se sume en un estado de reflexión y, para algunos, de desesperación.

Don Ernesto Díaz, observador taciturno, enfrenta el desafío de guiar a la comunidad a través de la transición.

La Ciudad Dorada, ahora enfrentando la realidad de la decadencia de la mina, se pregunta hacia dónde dirigirse a continuación.

Nuevos horizontes, llenos de incertidumbre y posibilidades, se abren ante ellos.

En la senda de los buscadores de oro, los protagonistas se encuentran ante decisiones cruciales sobre su futuro.

Mientras algunos contemplan la idea de abandonar la Ciudad Dorada en busca de nuevas oportunidades, otros buscan maneras de reinventar la comunidad y preservar lo que queda de su espíritu.

"El Último Suspiro de la Mina", la narrativa explora el impacto del agotamiento de la mina en la Ciudad Dorada.

La decadencia del recurso que dio vida a la comunidad plantea preguntas sobre el verdadero significado de la riqueza y la capacidad de adaptación en un mundo que cambia constantemente.

CAPÍTULO 18 CONSPIRACIONES EN LA TIERRA DE ORO

Con la Ciudad Dorada sumida en la incertidumbre tras el agotamiento de la mina, un nuevo telón de fondo emerge en forma de conspiraciones que amenazan con alterar el frágil equilibrio de la comunidad.

Rumores de acuerdos secretos y alianzas inesperadas circulan por las calles polvorientas.

La escasez de oro despierta ambiciones ocultas, y aquellos que alguna vez fueron aliados podrían estar tramando movimientos que cambiarán el destino de la Tierra de Oro para siempre.

Don Ernesto Díaz, aún comprometido con la estabilidad de la Ciudad Dorada, se encuentra enfrentando no solo la realidad del agotamiento de la mina, sino también las maquinaciones de aquellos que buscan aprovecharse de la situación.

Las conspiraciones se tejen entre las sombras, y la lealtad se vuelve un bien escaso en un mundo que se tambalea.

En la senda de los buscadores de oro, los personajes se ven arrastrados a las maquinaciones que se gestan en la Tierra de Oro.

Los lazos que alguna vez fueron sólidos se ven puestos a prueba, y las decisiones tomadas en este momento crucial podrían determinar el curso futuro de la comunidad.

En "Conspiraciones en la Tierra de Oro", sumergirse en un torbellino de intrigas y secretos.

Mientras la Ciudad Dorada lucha por encontrar su rumbo después del agotamiento de la mina, las conspiraciones amenazan con desentrañar lo que queda de la comunidad, desafiando a los personajes a enfrentar no solo las adversidades externas, sino también las amenazas internas que acechan en la Tierra de Oro.

CAPÍTULO 19 EL CREPÚSCULO DEL SUEÑO DORADO

En la Tierra de Oro, donde una vez resonaron los cantos de la fiebre del oro y el resplandor de la Ciudad Dorada iluminaba el horizonte, llega el crepúsculo del sueño dorado.

La comunidad, marcada por la prosperidad y las sombras de las conspiraciones, se enfrenta a su hora más oscura.

El agotamiento de la mina ha dejado cicatrices en la Ciudad Dorada, y la promesa de fortuna se ha desvanecido.

Las tensiones internas han aumentado, alimentadas por las conspiraciones que se han tejido entre los buscadores de oro.

La confianza se desvanece, y la Tierra de Oro, una vez llena de esperanzas, se ve sumida en un crepúsculo melancólico.

Don Ernesto Díaz, testigo de la transformación de la comunidad desde sus inicios hasta este momento crítico, se encuentra enfrentando decisiones que podrían sellar el destino de la Tierra de Oro.

Con las sombras de las conspiraciones acechando, se convierte en un faro de estabilidad en medio de la tormenta.

En la senda de los buscadores de oro, los protagonistas se ven obligados a confrontar los eventos que han llevado a la decadencia de la Ciudad Dorada.

El crepúsculo del sueño dorado plantea preguntas sobre el valor de la riqueza, la lealtad y la capacidad de una comunidad para sobreponerse a las adversidades.

En "El Crepúsculo del Sueño Dorado", marca un punto culminante en la narrativa, donde los personajes y la Tierra de Oro enfrentan las consecuencias de sus elecciones.

En este crepúsculo, la esperanza titila débilmente, pero aún queda por descubrir si el sueño dorado se desvanecerá por completo o si la luz de una nueva aurora podría emerger.

CAPÍTULO 20 DESPEDIDA DEL SOL SOBRE EL OCÉANO DE ORO

En la Tierra de Oro, donde los destinos de los buscadores de fortuna se entrelazaron con las vetas doradas y las sombras de las conspiraciones, llega el momento de la despedida.

El sol, es testigo silencioso de los éxitos y fracasos, se prepara para sumergirse en el horizonte dorado, marcando el final de un capítulo crucial.

La Ciudad Dorada, ahora sumida en el crepúsculo de su sueño dorado, se prepara para despedir al sol sobre el vasto Océano de Oro.

Los buscadores de oro, una vez unidos en la búsqueda de riqueza, enfrentan la realidad de que el oro que los atrajo ha llegado a su fin.

Las sombras de las conspiraciones y las tensiones internas han dejado cicatrices en la comunidad, pero también han forjado vínculos inquebrantables entre aquellos que compartieron esta travesía.

Don Ernesto Díaz, en su papel de observador y guía, se enfrenta a la difícil tarea de despedirse de la Ciudad Dorada.

La comunidad, marcada por la esperanza y la decadencia, busca un cierre, un momento para reflexionar sobre lo que fue y lo que pudo haber sido.

En la senda de los buscadores de oro, los personajes se embarcan en una última travesía, explorando los rincones de la Tierra de Oro que una vez fue su hogar temporal.

Los recuerdos resurgen mientras se enfrentan al ocaso de una era, y cada rincón de la Ciudad Dorada cuenta una historia de sueños, desafíos y la inquebrantable búsqueda de fortuna.

En "Despedida del Sol sobre el Océano de Oro", la narrativa alcanza su epílogo.

Entre las sombras de la decadencia y la promesa de un nuevo

amanecer, los personajes y la

Ciudad Dorada se despiden del sol,

cerrando un capítulo fundamental

en la historia de la Tierra de Oro.

CAPÍTULO 21   EL DERRUMBAMIENTO DE TIERRA

Este hecho ocurrio el dia 9 de
mayo 1993 donde quedaron
sepultados más de 400 personas
en la montaña de NAMBIJA -

El asentamiento minero de Nambija está ubicado en la parte sureste de Ecuador, en lo alto de las montañas, en la provincia de ZAMORA CHINCHIPE a unos 30 km al este de ZAMORA , cuya ciudad más floreciente y grande es LOJA.

Solo se puede llegar después de un viaje de tres horas por un camino de grava en mal estado, que se construyó en 1986.y que solo llegan a la mitad del trayecto a NAMBIJA

El pueblo en sí está situado en un valle, a 2600 m de altitud, sobre el nivel del mar, construido en las empinadas laderas de las montañas de NAMBIJA.

La mayoría de las casas están construidas justo en las entradas de los túneles de las minas, hechas de hierro corrugado y estaño.

Las montañas están plagadas de dolencias y agujeros.

El aire está húmedo y lleno de humos tóxicos del proceso minero, lo que convierte a Nambija en uno de los lugares más inhóspitos del mundo.

Las lluvias torrenciales durante los días previos al desastre, que ablandaron aún más el suelo, empeoraron las cosas.

Nambija tiene el título de ser

"La ciudad de oro más peligrosa del mundo".

Esto se debe al hecho de que las tasas de violencia y criminalidad eran muy altas, comprensiblemente, si se consideran 10.000 personas viviendo en un terreno de aproximadamente 1 kilómetro cuadrado[2].

Las condiciones de trabajo y de vida también estaban condicionadas a múltiples problema de higiene , salubridad falta de agua potable y luz eléctrica,

Cada familia tenía su propia mina, los pozos de las minas golpeaban otras minas, incluso los principios básicos de la estática pasaban desapercibidos.

Por lo tanto, las montañas alrededor de Nambija estaban virtualmente huecas por dentro en 1990, antes del derrumbamiento de tierra y los expertos advirtieron que una mayor minería aumentaría drásticamente la probabilidad de un deslizamiento de tierra.

Además, las vibraciones de la enorme planta trituradora de rocas en el centro de la ciudad eran motivo de temor.

Luego, en la tarde del 9 de mayo de 1993, , se derrumbó gran parte de la montaña de Nambija al final del valle, arriba de las minas y parte del pueblo cayeron y fueron sepultados para siempre.

Cerca de 80 casas fueron destruidas, con un estimado de 300-400 personas viviendo en ellas.

Muchas de las casas funcionaron como chozas de entrada a las minas, y las personas que trabajaban allí fueron enterradas totalmente .

Las operaciones de rescate fueron difíciles, ya que el sitio es muy difícil de alcanzar.

Sin embargo, para la gente de allí, el desastre es solo una parte de su vida diaria.

En las partes no afectadas del asentamiento, continuó la minería.

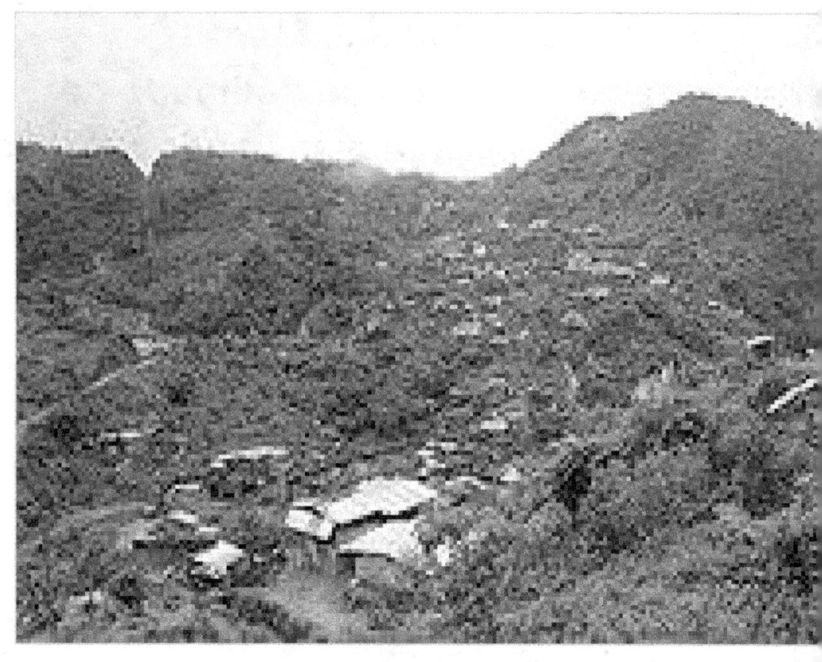

Vista de Nambija

Nambija en 1993

NAMBIJA

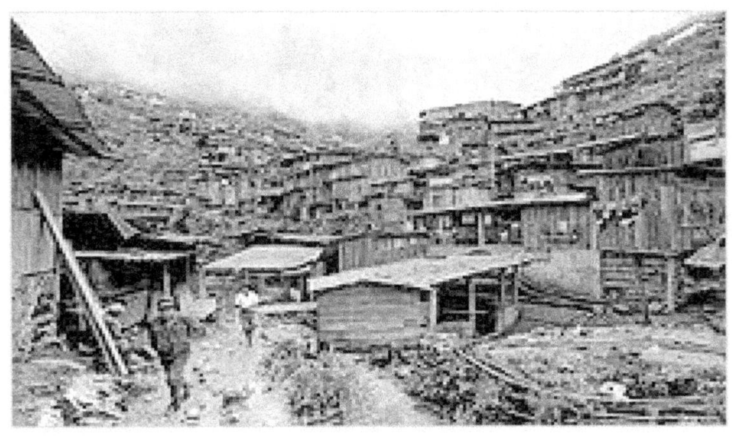

No se puedo deducir el número exacto de víctimas, y probablemente nunca se sabrá .

Habían llegado caravanas de cientos de personas de diferentes latitudes en busca de oro guiados por la fiebre del oro

Las primeras estimaciones hablaban de unas 380 personas

muertas, las cifras posteriores llegaron a 400[3].

La ubicación del deslizamiento, claramente visible incluso hoy, es un cementerio oficial, y casi la totalidad de las personas enterradas en el desastre aún yacen bajo la montaña.

Dado que nadie sabe el número de personas que vivian y trabajan en Nambija en un momento dado, es imposible hacer un recuento exacto de las personas muertas.

Aun así, aparte de las catastróficas condiciones de vida y de trabajo, los eventos se representan uno de los peores desastres mineros de la historia y siguen siendo prácticamente desconocidos debido a la lejanía del sitio.

En esa época las explosiones con dinamita a la piedras de la montaña era una costumbre habitual y la montaña presentaba infinidad de perforaciones a lo largo de la montaña porque se estaba quedando hueca antes del derrumbamiento de tierra

Aparte también en el oriente ecuatoriano es frecuentes los derrumbes de tierra debido a la cantidad intensa de las lluvias en el invierno pueden durar 30 días seguidos de lluvia dia y noche sin para de llover dejar de llover unos días y empezar denuevo

CONCLUSIÓN

En el cierre de esta intensa y fascinante historia de la Tierra de NAMBIJA , nos despedimos de la Ciudad Dorada con un suspiro de melancolía por los hechos gráficos ocurridos allí y una chispa de positivismo que vendrán mejores tiempos.

La búsqueda de fortuna, marcada por la fiebre del oro, ha llegado a su fin, pero las huellas de esta aventura perdurarán en los corazones de aquellos que fueron parte de ella.

La Ciudad Dorada NAMBIJA , que una vez fue testigo de sueños resplandecientes y del brillo del metal precioso, se enfrenta a un nuevo amanecer.

Las sombras de las conspiraciones y la desconfianza han dejado su marca, pero también han revelado la fuerza de los lazos humanos.

La Tierra de Oro, aunque marcada por el crepúsculo del sueño dorado, guarda en sus rincones los recuerdos de los buscadores de oro que, juntos, enfrentaron desafíos, forjaron amistades y descubrieron el verdadero significado de la riqueza.

Don Ernesto Díaz, el observador silencioso, se retira de las sombras con la satisfacción de haber guiado a la comunidad a través de los vientos de cambio.

Los personajes, cada uno con su propia historia y lecciones aprendidas, llevan consigo las cicatrices y los triunfos de esta travesía única.

En la despedida del sol sobre la montaña de Oro, la Ciudad Dorada de NAMBIJA cierra un capítulo en la historia, pero las páginas de la Tierra de Oro aún pueden tener más historias por contar.

La vida sigue, y la comunidad se embarca en nuevas sendas, listos para enfrentar los desafíos y las oportunidades que aguardan en el horizonte.

Así concluye nuestro relato en la Tierra de Oro, donde la búsqueda de riqueza se entrelaza con la complejidad de la condición humana.

Que las sombras del pasado sirvan como lecciones, y que el brillo del futuro ilumine nuevos caminos en esta tierra marcada por el resplandor dorado

"La Tierra de Oro NAMBIJA :

" Es una cautivadora HISTORIA REAL que traspasa la ficción que transporta a los lectores a una época marcada por la fiebre del oro, donde los sueños de riqueza y aventura se entrelazan con las sombras de la codicia y las complejidades humanas.

Allí habitaron más de 20.000 personas en NAMBIJA antes del derrumbamiento de tierra.

La trama se desarrolla en la Ciudad Dorada, un campamento aurífero llamado NAMBIJA donde buscadores de fortuna convergen en busca de las prometedoras vetas doradas.

En el trasfondo de la narrativa, se tejen intrigas, conspiraciones y romances efímeros que desafían la estabilidad de la comunidad.

Don Ernesto Díaz, un observador astuto, guía a los personajes a través de esta travesía, enfrentándose a desafíos tanto personales como colectivos.

Aquí en estas montañas inhóspitas las vetas de oro nunca se agotan, y la extracción de oro sigue por décadas sustentando la pobreza de un lugar olvidado del mundo.

La comunidad se ve obligada a confrontar no solo la realidad de la crudeza del tiempo , sino también las condiciones precarias que han moldeado su destino.

Cada capítulo revela capas de la historia, explorando la psicología de los personajes, sus relaciones y la lucha constante entre la búsqueda de riqueza y la esencia misma de la humanidad.

La trama se sumerge en temas universales como la lealtad, la traición, la esperanza y la redención, todo ello enmarcado en el contexto histórico de la fiebre del oro.

La prosa cautivadora y las descripciones evocadoras pintan un paisaje vibrante y a la vez sombrío, donde el resplandor dorado ilumina tanto los sueños como las sombras ocultas en la búsqueda de fortuna.

"La Tierra de NAMBIJA " invita a los lectores a reflexionar sobre la verdadera naturaleza de la riqueza y la complejidad de los vínculos humanos en un escenario impregnado de nostalgia y misterio.

Al final de esta pagina encontraran un mapa de ruta que lleva directamente a NAMBIJA primero tendrás que llegar a la ciudad de LOJA pasar por Zamora y de allí SAN CARLOS para luego de 27 kms llegar a NAMBIJA un pueblo con más de 20.000 personas sin ningún servicio básico.

MAPA DE NAMBIJA

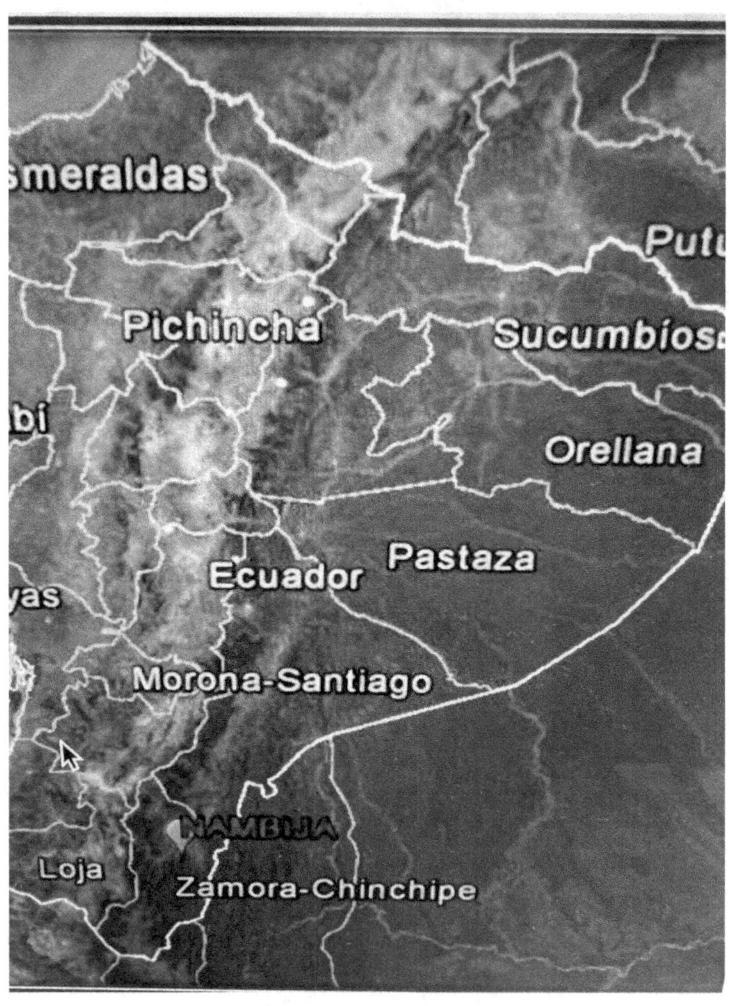

www.ingramcontent.com/pod-product-compliance
Lightning Source LLC
Chambersburg PA
CBHW070130260726
48658CB00001B/348